4권

나는 예배자

토기장이

토기장이 바이블 스터디 틴 시리즈는
한국교회의 청소년들이 영적으로 각성되고
말씀 위에 세워지기를 소망하며
토기장이에서 만든 청소년 성경공부 교재입니다.

특별한 표기가 없는 모든 성경 구절은 개역개정성경을 인용한 것입니다.

Contents

1. 나는 예배자

01 나는 예배자 ---- 07
02 춤추는 예배자 다윗 ---- 11
03 멈출 수 없는 예배 ---- 15
04 예배의 네 기둥 ---- 19
05 찬양과 예배 ---- 23
06 함께 드리는 기도 ---- 27
07 드림의 비밀 ---- 31
08 안식일의 주인 ---- 35

2. 사순절과 기쁨의 50일 II

01 향유를 부은 마리아 ---- 41
02 예루살렘으로 가는 길 ---- 45
03 마지막 설교, 한 알의 밀 ---- 49
04 고난과 영광의 길 ---- 53
05 부활하신 주님 ---- 57
06 디베랴 바닷가 ---- 61
07 감람산에서 ---- 65
08 마가의 다락방 ---- 69

토기장이 바이블 스터디 틴 시리즈, 이렇게 사용하면 백점 만점!

「토기장이 바이블 스터디 틴 시리즈」는 한 가지 주제 아래 통일성 있는 예배 진행을 위한 교재로서 '찬양-설교-2부 순서-성경공부'까지 물 흐르듯 연결되어 예배의 집중도를 높이고, 짧은 성경공부 시간을 최대한 활용할 수 있도록 구성된 교재입니다.

마음을 열어봐!

성경공부를 시작하기 전, 간단하지만 톡톡 튀는 아이디어들이 가득한 짧은 활동을 통해 성경공부에 대한 기대감과 흥미를 갖게 해줍니다.

성경을 열어봐!

말씀을 배우고 깊이 묵상하는 활동입니다. 설교말씀과 함께 이어지는 본문 말씀을 읽고 문제를 풀어보세요. 성령님의 도우심을 따라 말씀을 '내 것'으로 만들어 보세요.

세상을 열어봐!

배운 말씀을 삶속에 구체적으로 적용하도록 돕는 활동입니다. 이 활동을 통해 매일매일 말씀으로 살아가는 기쁨과 능력을 경험하세요. 여러분이 세상 가운데 하나님의 은혜를 흘려보내는 축복의 통로가 되기를 기대하며 기도합니다.

Toegijangi Bible Study teen Series

1

나는 예배자

01 나는 예배자 • **02** 춤추는 예배자 다윗 • **03** 멈출 수 없는 예배 •
04 예배의 네 기둥 • **05** 찬양과 예배 •
06 함께 드리는 기도 • **07** 드림의 비밀 • **08** 안식일의 주인

01 나는 예배자

성경본문 이사야 43장 ; 요한복음 4:19-26
중심구절 이사야 43:21

생일 축하합니까?

토리군이 생일날 울고 있네요. 왜 울고 있을까요?

하나님이 찾으시는 예배자

이사야 43장

1 야곱아 너를 창조하신 여호와께서 지금 말씀하시느니라 이스라엘아 너를 지으
신 이가 말씀하시느니라 너는 두려워하지 말라 내가 너를 구속하였고 내가 너
를 지명하여 불렀나니 너는 내 것이라
7 내 이름으로 불려지는 모든 자 곧 내가 내 영광을 위하여 창조한 자를 오게 하
라 그를 내가 지었고 그를 내가 만들었느니라
10 나 여호와가 말하노라 너희는 나의 증인 나의 종으로 택함을 입었나니 이는
너희가 나를 알고 믿으며 내가 그인 줄 깨닫게 하려 함이라 나의 전에 지음을
받은 신이 없었느니라 나의 후에도 없으리라
11 나 곧 나는 여호와라 나 외에 구원자가 없느니라
12 내가 알려 주었으며 구원하였으며 보였고 너희 중에 다른 신이 없었나니 그러
므로 너희는 나의 증인이요 나는 하나님이니라 여호와의 말씀이니라
15 나는 여호와 너희의 거룩한 이요 이스라엘의 창조자요 너희의 왕이니라
21 이 백성은 내가 나를 위하여 지었나니 나를 찬송하게 하려 함이니라

요한복음 4장

19 여자가 이르되 주여 내가 보니 선지자로소이다
20 우리 조상들은 이 산에서 예배하였는데 당신들의 말은 예배할 곳이 예루살렘
에 있다 하더이다
21 예수께서 이르시되 여자여 내 말을 믿으라 이 산에서도 말고 예루살렘에서도
말고 너희가 아버지께 예배할 때가 이르리라
22 너희는 알지 못하는 것을 예배하고 우리는 아는 것을 예배하노니 이는 구원이
유대인에게서 남이라
23 아버지께 참되게 예배하는 자들은 영과 진리로 예배할 때가 오나니 곧 이 때
라 아버지께서는 자기에게 이렇게 예배하는 자들을 찾으시느니라
24 하나님은 영이시니 예배하는 자가 영과 진리로 예배할지니라
25 여자가 이르되 메시야 곧 그리스도라 하는 이가 오실 줄을 내가 아노니 그가
오시면 모든 것을 우리에게 알려 주시리이다
26 예수께서 이르시되 네게 말하는 내가 그라 하시니라

1. 하나님께서 이스라엘 백성들에게 자신을 어떻게 설명하셨나요? 하나님의 이름표를 꾸며보세요(사 43장).

2. 하나님은 누구를 위해, 무엇을 위해 이스라엘 백성들을 지으셨나요?(사 43:21)

3. 올바른 예배는 어떤 예배인가요?(요 4:24)

☐ 과 ☐☐ 의 예배

4. 하나님 아버지께서는 어떤 사람들을 찾고 계시나요?(요 4:23)

마음의 예배

오늘 예배시간, 친구들의 마음에는 어떤 말풍선이 있었을까요? 비어 있는 말풍선에 친구들이 가장 많이 하는 생각을 채워보세요.

함께 생각해보아요! 예배시간 "잡생각 퇴치비법!"

①

②

③

02 춤추는 예배자 다윗

성경본문 사무엘하 6:12-23
중심구절 사무엘하 6:13-14

여기가 어딜까?

춤추는 예배자 다윗

사무엘하 6:12-23

12 어떤 사람이 다윗 왕에게 아뢰어 이르되 여호와께서 하나님의 궤로 말미암아
오벧에돔의 집과 그의 모든 소유에 복을 주셨다 한지라 다윗이 가서 하나님의
궤를 기쁨으로 메고 오벧에돔의 집에서 다윗 성으로 올라갈새
13 여호와의 궤를 멘 사람들이 여섯 걸음을 가매 다윗이 소와 살진 송아지로 제
사를 드리고
14 다윗이 여호와 앞에서 힘을 다하여 춤을 추는데 그 때에 다윗이 베 에봇을 입
었더라
15 다윗과 온 이스라엘 족속이 즐거이 환호하며 나팔을 불고 여호와의 궤를 메어
오니라
16 여호와의 궤가 다윗 성으로 들어올 때에 사울의 딸 미갈이 창으로 내다보다가
다윗 왕이 여호와 앞에서 뛰놀며 춤추는 것을 보고 심중에 그를 업신여기니라
17 여호와의 궤를 메고 들어가서 다윗이 그것을 위하여 친 장막 가운데 그 준비
한 자리에 그것을 두매 다윗이 번제와 화목제를 여호와 앞에 드리니라

1. 하나님의 궤가 다윗 성으로 들어올 때 다윗이 온 힘을 다해 춤추었던 까닭은 무엇일까요?

2. 하나님을 예배하고 돌아온 다윗에게 미갈은 무엇이라고 말했나요?(20절)

18 다윗이 번제와 화목제 드리기를 마치고 만군의 여호와의 이름으로 백성에게
축복하고
19 모든 백성 곧 온 이스라엘 무리에게 남녀를 막론하고 떡 한 개와 고기 한 조각
과 건포도 떡 한 덩이씩 나누어 주매 모든 백성이 각기 집으로 돌아가니라
20 다윗이 자기의 가족에게 축복하러 돌아오매 사울의 딸 미갈이 나와서 다윗을
맞으며 이르되 이스라엘 왕이 오늘 어떻게 영화로우신지 방탕한 자가 염치 없
이 자기의 몸을 드러내는 것처럼 오늘 그의 신복의 계집종의 눈앞에서 몸을
드러내셨도다 하니
21 다윗이 미갈에게 이르되 이는 여호와 앞에서 한 것이니라 그가 네 아버지와
그의 온 집을 버리시고 나를 택하사 나를 여호와의 백성 이스라엘의 주권자로
삼으셨으니 내가 여호와 앞에서 뛰놀리라
22 내가 이보다 더 낮아져서 스스로 천하게 보일지라도 네가 말한바 계집종에게
는 내가 높임을 받으리라 한지라
23 그러므로 사울의 딸 미갈이 죽는 날까지 그에게 자식이 없으니라

3. 하나님을 예배함에 있어서 다윗과 미갈의 다른 점은 무엇일까요?

미갈 :

다윗 :

당신은 어떤 '당'?

당신이 하나님께 드리는 예배가 이렇다면, 하나님께서는 당신을 향해 어떤 마음을 가지게 되실까요?

03 멈출 수 없는 예배

성경본문 창세기 4,8,12장, 출애굽기 25,40장 ; 누가복음 4장 ; 사도행전 2,9장

중심구절 사도행전 2:44-47

예배 박물관

1. 족장시대의 개인, 가정예배

성경에 등장하는 최초의 예배.
가인과 아벨의 예배,
노아, 아브라함의 예배

2. 성막, 성전 중심의 예배

출애굽 이후 이스라엘 백성들은
성막, 성전에 모여
공동체 예배를 드렸다.

3. 포로기 이후, 회당예배

주변국의 침략으로 나라가 멸망하고
모든 민족이 포로로 잡혀 갔지만
이스라엘 백성들은 흩어진 곳에서도
회당을 짓고 예배를
멈추지 않았다.

4. 예수님의 부활 승천 이후

예수님을 따르던 그리스도인들에게 극심한
박해가 있었지만
초대교회
성도들은 박해를
피해 지하에
숨어서 끊임없이
예배했다.

5. 중세 기독교

주후 313년, 기독교가 로마
의 국교가 된 후 전 유럽에
서 주님을 예배하게 된다.

6. 종교개혁 이후 현대 예배

중세 기독교 전성기 이후 성직자의 타
락, 기독교 예배가 변질되
어 종교개혁을 통해 예배
가 회복되었고 오늘날까
지 온 세계에서 예배
가 계속되고 있다.

성경이 말하는 예배의 역사

개인예배와 가정예배

창 4:3-5 세월이 지난 후에 가인은 땅의 소산으로 제물을 삼아 여
호와께 드렸고 아벨은 자기도 양의 첫 새끼와 그 기름으로 드렸
더니 여호와께서 아벨과 그의 제물은 받으셨으나 가인과 그의
제물은 받지 아니하신지라
창 8:20-21 노아가 여호와께 제단을 쌓고 모든 정결한 짐승과 모
든 정결한 새 중에서 제물을 취하여 번제로 제단에 드렸더니 여
호와께서 그 향기를 받으시고
창 12:7-8 여호와께서 아브람에게 나타나 이르시되 내가 이 땅을
네 자손에게 주리라 하신지라 자기에게 나타나신 여호와께 그
가 그 곳에서 제단을 쌓고 거기서 벧엘 동쪽 산으로 옮겨 장막
을 치니 서쪽은 벧엘이요 동쪽은 아이라 그가 그 곳에서 여호와
께 제단을 쌓고 여호와의 이름을 부르더니

회당예배

눅 4:16 예수께서 그 자라나
신 곳 나사렛에 이르사 안식
일에 늘 하시던 대로 회당에
들어가사 성경을 읽으려고
서시매

이스라엘 백성의 공동체 예배, 성막예배

출 25:8-9 내가 그들 중에 거할 성소를 그들이 나를 위하여 짓
되 무릇 내가 네게 보이는 모양대로 장막을 짓고 기구들도
그 모양을 따라 지을지니라
출 40:33-35 모세가 이같이 역사를 마치니 구름이 회막에 덮
이고 여호와의 영광이 성막에 충만하매 모세가 회막에 들어
갈 수 없었으니 이는 구름이 회막 위에 덮이고 여호와의 영
광이 성막에 충만함이었으며

초대교회의 예배와 부흥

행 2:44-47 믿는 사람이 다 함께 있어 모든 물건을 서로 통
용하고 또 재산과 소유를 팔아 각 사람의 필요를 따라 나
눠 주며 날마다 마음을 같이하여 성전에 모이기를 힘쓰
고 집에서 떡을 떼며 기쁨과 순전한 마음으로 음식을 먹
고 하나님을 찬미하며 또 온 백성에게 칭송을 받으니 주
께서 구원 받는 사람을 날마다 더하게 하시니라
행 9:31 그리하여 온 유대와 갈릴리와 사마리아 교회가 평
안하여 든든히 서가고 주를 경외함과 성령의 위로로 진
행하여 수가 더 많아지니라

1. 창세기 본문에 등장하는 대표적인 예배자들은 누구일까요?

2. 출애굽 이후 이스라엘 백성들은 어디에 모여 함께 하나님을 예배하였나요?

3. 예수님이 죽으시고 부활, 승천하신 후에도 예배는 멈추지 않았습니다. 이처럼 예배를 멈추지 않았을 때 주님이 베풀어주신 은혜는 무엇인가요?(행 2:47, 9:31)

예배할 수 있나요?

우리의 예배는 믿음의 선배들이 목숨을 바치며 오랜 시간 동안 지켜온 것입니다. 우리가 마음 편히 하나님께 예배를 드리고 있는 지금 이 순간에도 전 세계의 많은 사람들이 주님을 예배한다는 이유만으로 박해를 받고 있습니다.

지난 22년간 북한에 성경을 들여보내는 등 다양한 북한 선교활동을 하고 있는 모퉁이돌선교회의 이삭 목사는, 북한의 지하교회의 수는 약 1천 개가 넘으며, 약 13만 5천 명의 기독교인들이 있다고 주장했습니다.
"북한의 기독교인들은 성경을 비닐로 감싸 뒷마당에 묻어 놓거나 일부는 중국에 있는 선교사와 휴대전화를 통해 예배를 드리고 있습니다. 휴대전화 예배시간은 5분에서 10분 정도로 짧은데, 선교사님은 전화로 성경구절을 읽고 아픈 사람이나 도움이 필요한 사람들을 위해 기도를 해줍니다. 예배시간이 짧은 이유는 북한당국이 GPS라 불리는 인공위성을 통한 '위치 파악 시스템'으로 지하교인들의 휴대전화 사용을 추적하기 때문입니다."

북한 당국이 기독교인들을 더 많이 고문하고 가혹한 처벌을 주는데도 수감자 수가 줄지 않는 이유는, 수용소 밖의 기독교인들의 수가 점점 많아지고 있다는 근거라고 합니다. 지하교인들의 수가 늘어나는 이유 중 하나는 주로 자유를 찾아, 식량을 찾아, 그리고 더 나은 삶을 찾아 중국으로 도망 나왔다가 기독교를 접하고 북한으로 되돌아간 북한 주민들 때문이라는 설명입니다. 이들이 북한에 남겨진 친구나 친척들에게 신앙을 전하고자 북한으로 다시 간다는 것입니다.

모퉁이돌 선교회
이삭 목사님과의 인터뷰 중에서

만약 오늘 우리가 예배를 드림으로 박해를 받는다면 당신은 다음 주에도 교회에 와서 하나님을 예배할 수 있나요?

04 예배의 네 기둥

성경본문 시편 100편 ; 신명기 5:1-5 ; 고린도전서 11:23-26 ; 사도행전 2:38-47

중심구절 시편 100:4

두근두근 빙고

'예배'와 관련된 단어들을 빈칸에 써주세요. 순서를 정해 한 명씩 단어를 이야기합니다. 이때 친구들이 말하는 단어가 나의 빙고판에 있으면 ○ 표시를 하세요. 3줄을 가장 먼저 완성한 사람은 빙고를 외칩니다!

시편 100편

1 온 땅이여 여호와께 즐거운 찬송을 부를지어다
2 기쁨으로 여호와를 섬기며 노래하면서 그의 앞에 나아갈지어다
3 여호와가 우리 하나님이신 줄 너희는 알지어다 그는 우리를 지으신 이요 우리는 그의 것이니 그의 백성이요 그의 기르시는 양이로다
4 감사함으로 그의 문에 들어가며 찬송함으로 그의 궁정에 들어가서 그에게 감사하며 그의 이름을 송축할지어다
5 여호와는 선하시니 그의 인자하심이 영원하고 그의 성실하심이 대대에 이르리로다

신명기 5:1-5

1 모세가 온 이스라엘을 불러 그들에게 이르되 이스라엘아 오늘 내가 너희의 귀에 말하는 규례와 법도를 듣고 그것을 배우며 지켜 행하라
2 우리 하나님 여호와께서 호렙 산에서 우리와 언약을 세우셨나니
3 이 언약은 여호와께서 우리 조상들과 세우신 것이 아니요 오늘 여기 살아 있는 우리 곧 우리와 세우신 것이라
4 여호와께서 산 위 불 가운데에서 너희와 대면하여 말씀하시매
5 그 때에 너희가 불을 두려워하여 산에 오르지 못하므로 내가 여호와와 너희 중간에 서서 여호와의 말씀을 너희에게 전하였노라

고린도전서 11:23-26

23 내가 너희에게 전한 것은 주께 받은 것이니 곧 주 예수께서 잡히시던 밤에 떡을 가지사
24 축사하시고 떼어 이르시되 이것은 너희를 위하는 내 몸이니 이것을 행하여 나를 기념하라 하시고
25 식후에 또한 그와 같이 잔을 가지시고 이르시되 이 잔은 내 피로 세운 새 언약이니 이것을 행하여 마실 때마다 나를 기념하라 하셨으니
26 너희가 이 떡을 먹으며 이 잔을 마실 때마다 주의 죽으심을 그가 오실 때까지 전하는 것이니라

사도행전 2:38-47

38 베드로가 이르되 너희가 회개하여 각각 예수 그리스도의 이름으로 세례를 받고 죄 사함을 받으라 그리하면 성령의 선물을 받으리니
39 이 약속은 너희와 너희 자녀와 모든 먼 데 사람 곧 주 우리 하나님이 얼마든지 부르시는 자들에게 하신 것이라 하고
40 또 여러 말로 확증하며 권하여 이르되 너희가 이 패역한 세대에서 구원을 받으라 하니
41 그 말을 받은 사람들은 세례를 받으매 이 날에 신도의 수가 삼천이나 더하더라
42 그들이 사도의 가르침을 받아 서로 교제하고 떡을 떼며 오로지 기도하기를 힘쓰니라
43 사람마다 두려워하는데 사도들로 말미암아 기사와 표적이 많이 나타나니
44 믿는 사람이 다 함께 있어 모든 물건을 서로 통용하고
45 또 재산과 소유를 팔아 각 사람의 필요를 따라 나눠 주며
46 날마다 마음을 같이하여 성전에 모이기를 힘쓰고 집에서 떡을 떼며 기쁨과 순전한 마음으로 음식을 먹고
47 하나님을 찬미하며 또 온 백성에게 칭송을 받으니 주께서 구원 받는 사람을 날마다 더하게 하시니라

예배를
떠받치고 있는 네 기둥이
무엇인지 말씀을 통해 알아보고
아래 그림의 각 기둥에 알맞은 이름을 붙여보세요.

첫 번째 기둥

시편 100편의 주제는 ☐☐ 와 ☐☐ 을 하나님께 드리는 것입니다

두 번째 기둥

이스라엘 백성들이 하나님의 산 호렙에 이르렀을 때, 모세가 한 일은 무엇인가요? (신 5:4-5)

세 번째 기둥

예수님은 제자들과 마지막 식사자리에서 어떻게 예수님을 기억하라고 하셨나요? (고전 11:23-26)

베드로가 하나님의 말씀을 전하면서 사람들에게 권면한 것은 무엇인가요? (행 2:38)

네 번째 기둥

예수 그리스도를 믿었던 초대교회 성도들의 특징은 무엇인가요? (행 2:44-47)

보기 ① 감사와 찬양 ② 말씀 선포 ③ 성만찬과 세례 ④ 성도의 교제

기둥찾기

예배의 기둥들은 주일예배 순서에서 과연 어떻게 자리하고 있을까요? 예배순서를 살펴보면서 빈 칸에 알맞은 예배의 기둥들을 보기에서 찾아 적어봅시다.

기둥	순서	내용	담당
	경배와 찬양		다같이
	※신앙고백	사도신경	다같이
	공 동 기 도		○○○ 선생님
	찬 양	찬송가 210장	다같이
	성 만 찬		목사님
	성 경 봉 독	삼하 12:1-5	다같이
	찬 양		○○○ 성가대
	설 교	회개의 삶	목사님
	헌 금		다같이
	평화의 인사		다같이
	광 고		목사님
	※결단찬송	찬송가 505장	다같이
	※축 도		목사님

보기
① 감사와 찬양 ② 말씀 선포
③ 성만찬과 세례 ④ 성도의 교제

예배의 네 기둥 중 어느 하나라도 쓰러지면 예배는 무너집니다.

05 찬양과 예배

성경본문 시편 95:1-7, 96:1-10
중심구절 시편 95:1, 96:1

M-com 차트 베스트 3

요즘 대세는 누가 부르는 어떤 노래인가요? 나만의 차트를 만들어봅시다!

M-COM 엠컴차트

엠컴 마이 차트

순위	곡명 / 아티스트 / 앨범명	가사내용	좋아하는 이유
1위			
2위			
3위			
4위			

찬양과 예배

시편 95:1-7

1 오라 우리가 여호와께 노래하며 우리의 구원의 반석을 향하여 즐거이 외치자
2 우리가 감사함으로 그 앞에 나아가며 시를 지어 즐거이 그를 노래하자
3 여호와는 크신 하나님이시요 모든 신들보다 크신 왕이시기 때문이로다
4 땅의 깊은 곳이 그의 손 안에 있으며 산들의 높은 곳도 그의 것이로다
5 바다도 그의 것이라 그가 만드셨고 육지도 그의 손이 지으셨도다
6 오라 우리가 굽혀 경배하며 우리를 지으신 여호와 앞에 무릎을 꿇자
7 그는 우리의 하나님이시요 우리는 그가 기르시는 백성이며 그의 손이 돌보시는 양이기 때문이라

시편 96:1-10

1 새 노래로 여호와께 노래하라 온 땅이여 여호와께 노래할지어다
2 여호와께 노래하여 그의 이름을 송축하며 그의 구원을 날마다 전파할지어다
3 그의 영광을 백성들 가운데에, 그의 기이한 행적을 만민 가운데에 선포할지어다
4 여호와는 위대하시니 지극히 찬양할 것이요 모든 신들보다 경외할 것임이여
5 만국의 모든 신들은 우상들이지만 여호와께서는 하늘을 지으셨음이로다
6 존귀와 위엄이 그의 앞에 있으며 능력과 아름다움이 그의 성소에 있도다
7 만국의 족속들아 영광과 권능을 여호와께 돌릴지어다 여호와께 돌릴지어다
8 여호와의 이름에 합당한 영광을 그에게 돌릴지어다 예물을 들고 그의 궁정에 들어갈지어다
9 아름답고 거룩한 것으로 여호와께 예배할지어다 온 땅이여 그 앞에서 떨지어다
10 모든 나라 가운데서 이르기를 여호와께서 다스리시니 세계가 굳게 서고 흔들리지 않으리라 그가 만민을 공평하게 심판하시리라 할지로다

1. 시편 95편과 96편을 읽고 '여호와를 찬양하라'는 의미의 표현을 찾아서 ○표시를 해보세요.

2. 시편 95편과 96편을 읽고 '여호와를 예배하라'는 의미의 표현을 찾아서 ♡ 표시를 해보세요.

3. '찬양' 과 '예배'는 각각 무슨 뜻인지 나만의 표현으로 적어봅시다.

- 찬양이란?

- 예배란?

4. 시편을 지은 저자가 여호와를 찬양하는 이유는 무엇인가요?

나만의 시편

나도 하나님을 노래하는 멋진 시와 찬양을 지을 수 있다! 주어진 단어를 넣어서, 주어진 운율에 맞게 하나님께서 기뻐하실 만한 찬양을 지어봅시다!

제목 :

나 .... 스러운

파 .... 스러운

차 .... 했나

타 .... 했나

사 .... 거야

파 .... 거야

제시어 먼지 / 포도 / 팔딱팔딱 / 친구 이름 / 자기 이름 / 전도사님 이름

새 노래로 여호와께 노래하라 온 땅이여 여호와께 노래할지어다(시 96:1)

06 함께 드리는 기도

성경본문 역대하 7:14-16 ; 사무엘상 7:5-9 ; 야고보서 5:14-16 ; 마태복음 18:18-20

중심구절 마태복음 18:20

나의 뇌 구조 완성하기

오늘도 어김없이 찾아온 예배 중 대표기도 시간, 당신의 머릿속은 어떤 생각들로 가득 차 있습니까?

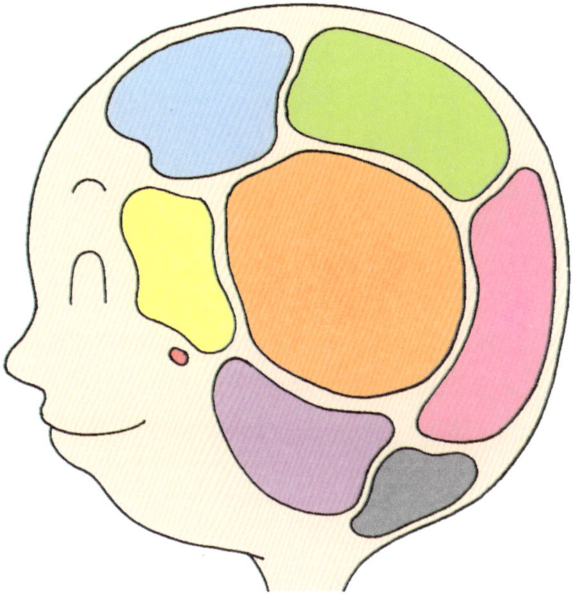

당신에게 예배 중 기도시간이란 무엇을 의미합니까?

예배 중에 드리는 기도들

1. 우리가 예배 중에 드리는 기도에는 어떤 기도들이 있나요?

- 참회의 기도 ________ 길에서 떠나 성전에서 ________ 하면 죄를 사하심
- 중보기도 ________ 의 간구
- 대표기도 이스라엘 백성들을 위하여 ________ 해서 기도함

2. 예수님은 우리가 함께 드리는 기도에는 어떤 능력이 있다고 말씀하셨나요?(마 18:18-20)

3. 위 본문들의 내용에 비추어 보았을 때, 공동기도 혹은 대표기도에 꼭 들어가야 하는 기도의 내용과 그 능력은 무엇이라고 생각하나요?

역대하 7:14-16 (참회의 기도)

14 내 이름으로 일컫는 내 백성이 그들의 악한
길에서 떠나 스스로 낮추고 기도하여 내 얼
굴을 찾으면 내가 하늘에서 듣고 그들의 죄
를 사하고 그들의 땅을 고칠지라
15 이제 이 곳에서 하는 기도에 내가 눈을
들고 귀를 기울이리니
16 이는 내가 이미 이 성전을 택하
고 거룩하게 하여 내 이름을 여
기에 영원히 있게 하였음이라
내 눈과 내 마음이 항상 여기
에 있으리라

야고보서 5:14-16 (중보기도)

14 너희 중에 병든 자가 있느냐 그는 교회
의 장로들을 청할 것이요 그들은 주의
이름으로 기름을 바르며 그를 위하여
기도할지니라
15 믿음의 기도는 병든 자를 구원하리니
주께서 그를 일으키시리라 혹시 죄를
범하였을지라도 사하심을 받으리라
16 그러므로 너희 죄를 서로 고백하며 병
이 낫기를 위하여 서로 기도하라 의인
의 간구는 역사하는 힘이 큼이니라

사무엘상 7:5-9 (대표기도)

5 사무엘이 이르되 온 이스라엘은
미스바로 모이라 내가 너희를 위
하여 여호와께 기도하리라 하매
9 사무엘이 젖 먹는 어린 양 하나를
가져다가 온전한 번제를 여호
와께 드리고 이스라엘을
위하여 여호와께 부르
짖으매 여호와께서
응답하셨더라

마태복음 18:18-20 (공동기도의 능력)

18 진실로 너희에게 이르노니 무엇이든지 너희가 땅
에서 매면 하늘에서도 매일 것이요 무엇이든지 땅
에서 풀면 하늘에서도 풀리리라
19 진실로 다시 너희에게 이르노니 너희 중의 두 사람
이 땅에서 합심하여 무엇이든지 구하면 하늘에 계
신 내 아버지께서 그들을 위하여 이루게 하시리라
20 두세 사람이 내 이름으로 모인 곳에는 나도 그들
중에 있느니라

'공동체기도' 클리닉

설마! 당신에게 이런 증상이 있다면! '공동체기도' 클리닉의 도움을 받을 것을 권유합니다.

A 증상

기도 중 눈이 잘 안 감긴다. 자꾸 옆 사람이 뭐하는지 궁금해 참을 수 없다.

B 증상

기도 시간만 되면 갑자기 멍해지는 현상이 나타난다. 기도를 드린 것 같긴 한데 기도의 내용을 거의 기억하지 못한다.

C 증상

입술을 내 마음대로 할 수가 없다. 자꾸 옆 사람에게 종알거리게 되고, 따라서 기도의 내용에는 집중하기 어렵다.

처방

기도 시간은 하나님과 대화하는 소중한 시간입니다!

07 드림의 비밀

성경본문 고린도후서 9:7-12 ; 마가복음 12:41-44
중심구절 고린도후서 9:7

나의 봉헌 스타일은?

어떻게 드려야 하죠?

고린도후서 9:7-12

7 각각 그 마음에 정한 대로 할 것이요 인색함으로나 억지로 하지 말지니 하나님
은 즐겨 내는 자를 사랑하시느니라
8 하나님이 능히 모든 은혜를 너희에게 넘치게 하시나니 이는 너희로 모든 일에
항상 모든 것이 넉넉하여 모든 착한 일을 넘치게 하게 하려 하심이라
9 기록한바 그가 흩어 가난한 자들에게 주었으니 그의 의가 영원토록 있느니라
함과 같으니라
10 심는 자에게 씨와 먹을 양식을 주시는 이가 너희 심을 것을 주사 풍성하게 하
시고 너희 의의 열매를 더하게 하시리니
11 너희가 모든 일에 넉넉하여 너그럽게 연보를 함은 그들이 우리로 말미암아 하
나님께 감사하게 하는 것이라
12 이 봉사의 직무가 성도들의 부족한 것만 보충할 뿐 아니라 사람들이 하나님께
드리는 많은 감사로 말미암아 넘쳤느니라

마가복음 12:41-44

41 예수께서 헌금함을 대하여 앉으사 무리가 어떻게 헌금함에 돈 넣는가를 보실
새 여러 부자는 많이 넣는데
42 한 가난한 과부는 와서 두 렙돈 곧 한 고드란트를 넣는지라
43 예수께서 제자들을 불러다가 이르시되 내가 진실로 너희에게 이르노니 이 가
난한 과부는 헌금함에 넣는 모든 사람보다 많이 넣었도다
44 그들은 다 그 풍족한 중에서 넣었거니와 이 과부는 그 가난한 중에서 자기의
모든 소유 곧 생활비 전부를 넣었느니라 하시니라

1. 하나님께 드리는 헌금은 어떻게 드려야 할까요?(고후 9:7)

2. 고린도교회 성도들이 넘치도록 헌금을 할 수 있었던 까닭은 무엇인가요?(고후 9:11-12)

3. 예수님이 두 렙돈을 헌금한 과부를 칭찬하신 까닭은 무엇인가요?(막 12:44)

4. 예수님이 가난한 과부의 헌금과 부자의 헌금을 판단하신 기준은 무엇인가요?

나의 봉헌생활 점검

아래에 제시된 봉헌생활을 읽고 당신의 상태에 해당하는 지점까지 막대 그래프를 색칠해보세요.

	나와는 상관없음!	가끔 기분 내킬 때?!	부끄럽지만 노력 중	당연히 하고있죠!
주일 전에 준비한다				
깨끗한 돈으로 준비한다				
부모님께 따로 헌금을 받지 않고 용돈을 아껴서 봉헌한다				
십일조는 반드시 드린다				
감사한 일이 있을 때에는 감사헌금도 한다				
복음전파를 위해 선교헌금도 한다				
기쁘고 감사한 마음으로 봉헌한다				

각각 그 마음에 정한 대로 할 것이요 인색함으로나 억지로 하지 말지니 하나님은 즐겨 내는 자를 사랑하시느니라(고후 9:7)

08 안식일의 주인

성경본문 출애굽기 20:8-11 ; 이사야 58:13-14 ; 마가복음 2:23-28
중심구절 출애굽기 20:8

기념일 달력

당신에게 1년 중 반드시 기억해야 할 기념일을 달력에 표시해보세요.

안식일의 주인

출애굽기 20:8-11

8 안식일을 기억하여 거룩하게 지키라
9 엿새 동안은 힘써 네 모든 일을 행할 것이나
10 일곱째 날은 네 하나님 여호와의 안식일인즉 너나 네 아들이나 네 딸이나 네 남종이
나 네 여종이나 네 가축이나 네 문안에 머무는 객이라도 아무 일도 하지 말라
11 이는 엿새 동안에 나 여호와가 하늘과 땅과 바다와 그 가운데 모든 것을 만들고 일
곱째 날에 쉬었음이라 그러므로 나 여호와가 안식일을 복되게 하여 그 날을 거룩하
게 하였느니라

이사야 58:13-14

13 만일 안식일에 네 발을 금하여 내 성일에 오락을 행하지 아니하고 안식일
을 일컬어 즐거운 날이라, 여호와의 성일을 존귀한 날이라 하여 이를 존귀
히 여기고 네 길로 행하지 아니하며 네 오락을 구하지 아니하며 사사로운
말을 하지 아니하면
14 네가 여호와의 안에서 즐거움을 얻을 것이라 내가 너를 땅의 높은 곳에 올
리고 네 조상 야곱의 업으로 기르리라 여호와의 입의 말씀이니라

마가복음 2:23-28

23 안식일에 예수께서 밀밭 사이로 지나가실새 그의 제자들이 길을 열며 이삭을 자르니
24 바리새인들이 예수께 말하되 보시오 저들이 어찌하여 안식일에 하지 못할 일을 하나이까
25 예수께서 이르시되 다윗이 자기와 및 함께한 자들이 먹을 것이 없어 시장할 때에 한 일
을 읽지 못하였느냐
26 그가 아비아달 대제사장 때에 하나님의 전에 들어가서 제사장 외에는 먹어서는 안되는
진설병을 먹고 함께한 자들에게도 주지 아니하였느냐
27 또 이르시되 안식일이 사람을 위하여 있는 것이요 사람이 안식일을 위하여 있는 것이 아니니
28 이러므로 인자는 안식일에도 주인이니라

1. 하나님께서 가장 처음 만드신 기념일은 무엇이며, 어떻게 지키라고 말씀하셨나요?(출 20:8, 사 58:13)

2. 바리새인들이 예수님과 그의 제자들을 모함한 까닭은 무엇인가요?(막 2:23)

3. 예수님이 자신을 모함하는 사람들에게 하신 말씀은 무엇인가요?(막 2:27-28)

4. 다음 물음들을 보며 우리는 '주일'을 어떻게 지내야 할지 생각해봅시다.

- 가장 중요한 것
- 온전한 쉼이란?

안식일 지키기

하나님께서는 안식일을 거룩하게 지키라고 하셨습니다.
그렇다면 안식일을 어떻게 보내야 할까요? 안식일의 참된 의미를 되새겨 보며 하나님께서 기뻐하시는 주일을 계획해 봅시다.

주일은 내가 주인공이 아니라 예수님이 주인공입니다!

Togjangi Bible Study teen series

2

사순절과 기쁨의 50일 Ⅱ

01 향유를 부은 마리아 • **02** 예루살렘으로 가는 길 •
03 마지막 설교, 한 알의 밀 • **04** 고난과 영광의 길 • **05** 부활하신 주님 •
06 디베랴 바닷가 • **07** 감람산에서 • **08** 마가의 다락방

01 향유를 부은 마리아

성경본문 요한복음 12:1-8 ; 마가복음 14:6-9
중심구절 요한복음 12:3

낭비 vs 사랑?

다음 사례를 보고 낭비인지, 사랑인지 당신의 생각을 써보세요.

부모님 결혼기념일을 위해 제주도 여행을 보내드린 아들 부부

다이아몬드 반지로 프로포즈한 남자

평생 모은 전 재산을 미전도종족 선교에 사용한 김 할아버지

반전 드라마

요한복음 12:1-8

1 유월절 엿새 전에 예수께서 베다니에 이르시니 이 곳은 예수께서 죽은 자
가운데서 살리신 나사로가 있는 곳이라
2 거기서 예수를 위하여 잔치할새 마르다는 일을 하고 나사로는 예수와 함께
앉은 자 중에 있더라
3 마리아는 지극히 비싼 향유 곧 순전한 나드 한 근을 가져다가 예수의 발에
붓고 자기 머리털로 그의 발을 닦으니 향유 냄새가 집에 가득하더라
4 제자 중 하나로서 예수를 잡아 줄 가룟 유다가 말하되
5 이 향유를 어찌하여 삼백 데나리온에 팔아 가난한 자들에게 주지 아니하였
느냐 하니
6 이렇게 말함은 가난한 자들을 생각함이 아니요 그는 도둑이라 돈궤를 맡고
거기 넣는 것을 훔쳐 감이러라

1. 유월절 엿새 전, 베다니에 들르신 예수님께 마리아는 어떤 일을 했나요?

2. 마리아가 향유를 바치고 나자 가룟 유다는 뭐라고 말했나요? 또한 유다의 말을 들은 다른 사람들은 어떻게 생각했을까요?(요 12:5)

7 예수께서 이르시되 그를 가만 두어 나의 장례할 날을 위하여 그것을 간직
하게 하라
8 가난한 자들은 항상 너희와 함께 있거니와 나는 항상 있지 아니하리라 하
시니라

마가복음 14:6-9

6 예수께서 이르시되 가만 두라 너희가 어찌하여 그를 괴롭게 하느냐 그가
내게 좋은 일을 하였느니라
7 가난한 자들은 항상 너희와 함께 있으니 아무 때라도 원하는 대로 도울 수
있거니와 나는 너희와 항상 함께 있지 아니하리라
8 그는 힘을 다하여 내 몸에 향유를 부어 내 장례를 미리 준비하였느니라
9 내가 진실로 너희에게 이르노니 온 천하에 어디서든지 복음이 전파되는 곳
에는 이 여자가 행한 일도 말하여 그를 기억하리라 하시니라

3. 유다의 말을 듣고 예수님은 어떻게 대답하셨나요?(요 12:7-8)

4. 예수님이 마리아의 특별한 행동을 칭찬하시는 이유는 무엇인가요?(막 14:8)

나에게도 주님께 바칠 향유가 있나요?

당신에게 예수님의 발에 부어드릴 향유가
없더라도, 그저 상한 마음밖에 없더라도
괜찮습니다.
그저 당신의 마음만으로도,
그분을 사랑한다는 고백만으로도
예수님은 향기로운 향유로
받아주실 것입니다.

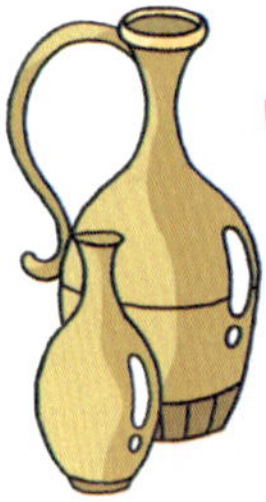

나의 향유

02 예루살렘으로 가는 길

성경본문 요한복음 12:12-16 ; 마태복음 21:4-5 ; 스가랴 9:9-10
중심구절 마태복음 21:5

서열

로마 군대가 개선문을 지나고 있는 장면입니다. 각 서열에 맞는 행차 방법을 연결해보세요.

황제

• •

기병

• •

보병

• •

예수님이 나귀 새끼를 타신 것은 서열에 맞는 일이었습니까?

요한복음 12:12-16
12 그 이튿날에는 명절에 온 큰 무
리가 예수께서 예루살렘으로 오
신다는 것을 듣고
13 종려나무 가지를 가지고 맞으러
나가 외치되 호산나 찬송하리로
다 주의 이름으로 오시는 이 곧
이스라엘의 왕이시여 하더라
14 예수는 한 어린 나귀를 보고 타
시니
15 이는 기록된바 시온 딸아 두려
워하지 말라 보라 너의 왕이 나
귀 새끼를 타고 오신다 함과 같
더라
16 제자들은 처음에 이 일을 깨닫
지 못하였다가 예수께서 영광을
얻으신 후에야 이것이 예수께
대하여 기록된 것임과 사람들이
예수께 이같이 한 것임이 생각
났더라

마태복음 21:4-5
4 이는 선지자를 통하여 하신 말씀
을 이루려 하심이라 일렀으되
5 시온 딸에게 이르기를 네 왕이
네게 임하나니 그는 겸손하여
나귀, 곧 멍에 메는 짐승의 새
끼를 탔도다 하라 하였느니라

스가랴 9:9-10
9 시온의 딸아 크게 기뻐할지어다
예루살렘의 딸아 즐거이 부를지
어다 보라 네 왕이 네게 임하시
나니 그는 공의로우시며 구원을
베푸시며 겸손하여서 나귀를 타
시나니 나귀의 작은 것 곧 나귀
새끼니라
10 내가 에브라임의 병거와 예루
살렘의 말을 끊겠고 전쟁하는
활도 끊으리니 그가 이방 사람
에게 화평을 전할 것이요 그의
통치는 바다에서 바다까지 이
르고 유브라데 강에서 땅 끝까
지 이르리라

1. 그림을 보고 예수님이 예루살렘에 들어오셨을 때 사람들의 반응은 어땠으며, 이들이 예수님을 누구라고 생각한 것 같은지 말해보세요.

2. 예수님이 나귀 새끼를 타신 이유를 예언자들은 무엇이라고 말했나요?

나귀의 일기

왕의 행차와는 너무나 거리가 멀어 보이는 모습으로
하나님의 아들, 만왕의 왕이신 예수님은 예루살렘에 입성하셨습니다.
나는 힘 없고 보잘것없으며, 아직 사람을 태워본 경험도 없는
작은 나귀였지만, 소중한 예수님께 사용되었습니다.

당신도 작고 연약하지만, 경험도 없지만, 예수님이 쓰신다고 할 때 기꺼이 등을 내어드릴 수 있나요?

03 마지막 설교, 한 알의 밀

성경본문 요한복음 12:20-33
중심구절 요한복음 12:24

농장의 법칙

농부인 당신은 추수한 밀알을 어떻게 할지 결정합니다. 당신의 선택에 따라 씨앗의 운명은 달라집니다. 밀알은 결국 어떻게 될까요?

먹기로 결정

창고에 쌓아두기로 결정

땅에 심기로 결정

한 알의 밀

요한복음 12장

20 명절에 예배하러 올라온 사람 중에 헬라인 몇이 있는데
21 그들이 갈릴리 벳새다 사람 빌립에게 가서 청하여 이르되 선생이여 우리가 예
수를 뵈옵고자 하나이다 하니
22 빌립이 안드레에게 가서 말하고 안드레와 빌립이 예수께 가서 여쭈니
23 예수께서 대답하여 이르시되 인자가 영광을 얻을 때가 왔도다
24 내가 진실로 진실로 너희에게 이르노니 한 알의 밀이 땅에 떨어져 죽지 아니
하면 한 알 그대로 있고 죽으면 많은 열매를 맺느니라
25 자기의 생명을 사랑하는 자는 잃어버릴 것이요 이 세상에서 자기의 생명을 미
워하는 자는 영생하도록 보전하리라
26 사람이 나를 섬기려면 나를 따르라 나 있는 곳에 나를 섬기는 자도 거기 있으
리니 사람이 나를 섬기면 내 아버지께서 그를 귀히 여기시리라
27 지금 내 마음이 괴로우니 무슨 말을 하리요 아버지여 나를 구원하여 이 때를
면하게 하여 주옵소서 그러나 내가 이를 위하여 이 때에 왔나이다
28 아버지여, 아버지의 이름을 영광스럽게 하옵소서 하시니 이에 하늘에서 소리
가 나서 이르되 내가 이미 영광스럽게 하였고 또다시 영광스럽게 하리라 하
시니
29 곁에 서서 들은 무리는 천둥이 울었다고도 하며 또 어떤 이들은 천사가 그에
게 말하였다고도 하니
30 예수께서 대답하여 이르시되 이 소리가 난 것은 나를 위한 것이 아니요 너희
를 위한 것이니라
31 이제 이 세상에 대한 심판이 이르렀으니 이 세상의 임금이 쫓겨나리라
32 내가 땅에서 들리면 모든 사람을 내게로 이끌겠노라 하시니
33 이렇게 말씀하심은 자기가 어떠한 죽음으로 죽을 것을 보이심이러라

1. 상황이 일어난 때와 장소는 어디였으며, 예수님을 만나기 원했던 사람들은 누구였나요?

2. 예수님은 헬라인들을 만나주시는 대신 무엇에 대해 말씀하셨나요?

3. 예수님을 따르기 위해서는 어떤 삶을 살아야 한다고 제자들에게 가르치셨나요?

4. 이 말씀을 나눌 때, 하늘에서 들린 소리의 내용은 무엇이며(요 12:28), 예수님은 자신의 죽음에 대해 어떤 결과(요 12:31-32)가 있을 것이라고 말씀하셨나요?

한 알의 밀알 되기

한 알의 밀알이 당신에게도 있습니다. 다음의 영역 중 당신이 심고자 하는 밀알을 골라서 내용을 적어 보세요.

복음을 전하는 한 알의 밀알

가족을 섬기는 한 알의 밀알

교회를 섬기는 한 알의 밀알

당신이 심는 밀알은 어떤 열매를 맺게 될까요?

예수님이 걸어가신 그 길은 한 알의 밀처럼 썩어지는 길이었지만, 수많은 열매를 맺는 영광의 길이었습니다.

04 고난과 영광의 길

성경본문 요한복음 19:17-38
중심구절 요한복음 19:30

십자가

쫓아오는 햇빛인데
지금 교회당 꼭대기
십자가에 걸리었습니다

첨탑(尖塔)이 저렇게도 높은데
어떻게 올라갈 수 있을까요

종소리도 들려오지 않는데
휘파람이나 불며 서성거리다가

괴로웠던 사나이,
행복한 예수 그리스도에게처럼
십자가가 허락된다면

모가지를 드리우고
꽃처럼 피어나는 피를
어두워 가는 하늘 밑에
조용히 흘리겠습니다

윤동주

왜 시인은 십자가를 지신 예수님을 가리켜 괴로웠던 사나이지만,
행복한 예수 그리스도라고 했을까요?

1. 본문을 읽고 예수님이 십자가에 못 박히셨을 때의 모습을 그려보세요(등장인물을 꼼꼼히 그려주세요).

2. 본문 가운데 예수님이 십자가 상에서 하신 말씀(가상칠언 중 3가지 말씀)을 찾아 본문에 밑줄을 긋고, 이 말의 의미를 써보세요.

요 19:26 :

요 19:28 :

요 19:30 :

3. 이 모든 사건이 나를 위한 사건이라면, 예수님이 당신에게 해주신 일을 한마디로 무엇이라고 말할 수 있을까요?

나에게 십자가 사건은 ______________________ 다.

십자가의 길

요한복음 19:17-38

17 그들이 예수를 맡으매 예수께서 자기
의 십자가를 지시고 해골(히브리 말로
골고다)이라 하는 곳에 나가시니
18 그들이 거기서 예수를 십자가에 못 박
을새 다른 두 사람도 그와 함께 좌우
편에 못 박으니 예수는 가운데 있더라
19 빌라도가 패를 써서 십자가 위에 붙이
니 나사렛 예수 유대인의 왕이라 기록
되었더라
23 군인들이 예수를 십자가에 못 박고 그
의 옷을 취하여 네 깃에 나눠 각각 한
깃씩 얻고 속옷도 취하니 이 속옷은
호지 아니하고 위에서부터 통으로 짠
것이라
24 군인들이 서로 말하되 이것을 찢지 말
고 누가 얻나 제비 뽑자 하니 이는 성
경에 그들이 내 옷을 나누고 내 옷을
제비 뽑나이다 한 것을 응하게 하려
함이러라 군인들은 이런 일을 하고
25 예수의 십자가 곁에는 그 어머니와 이
모와 글로바의 아내 마리아와 막달라
마리아가 섰는지라
26 예수께서 자기의 어머니와 사랑하시
는 제자가 곁에 서 있는 것을 보시고
자기 어머니께 말씀하시되 여자여 보
소서 아들이니이다 하시고
27 또 그 제자에게 이르시되 보라 네 어
머니라 하신대 그 때부터 그 제자가
자기 집에 모시니라
28 그 후에 예수께서 모든 일이 이미 이
루어진 줄 아시고 성경을 응하게 하려
하사 이르시되 내가 목마르다 하시니
29 거기 신 포도주가 가득히 담긴 그릇이
있는지라 사람들이 신 포도주를 적신
해면을 우슬초에 매어 예수의 입에 대
니
30 예수께서 신 포도주를 받으신 후에 이
르시되 다 이루었다 하시고 머리를 숙
이니 영혼이 떠나가시니라
31 이 날은 준비일이라 유대인들은 그 안
식일이 큰 날이므로 그 안식일에 시체
들을 십자가에 두지 아니하려 하여 빌
라도에게 그들의 다리를 꺾어 시체를
치워 달라 하니
32 군인들이 가서 예수와 함께 못 박힌
첫째 사람과 또 그 다른 사람의 다리
를 꺾고
33 예수께 이르러서는 이미 죽으신 것을
보고 다리를 꺾지 아니하고
34 그 중 한 군인이 창으로 옆구리를 찌
르니 곧 피와 물이 나오더라
38 아리마대 사람 요셉은 예수의 제자이나
유대인이 두려워 그것을 숨기더니 이
일 후에 빌라도에게 예수의 시체를 가
져가기를 구하매 빌라도가 허락하는지
라 이에 가서 예수의 시체를 가져가니라

십자가를 질 수 있나 주가 물어 보실 때
죽기까지 따르오리 저들 대답하였다
우리의 심령 주의 것이니 당신의 형상 만드소서
주 인도 따라 살아갈 동안 사랑과 충성 늘 바치오리다
(찬송가 '십자가를 질 수 있나')

예수님의 고난에 참여한다는 것은,
고난당하신 주님을 슬퍼하는 것을 넘어서는 것입니다.
우리도 자기 십자가를 지고 주님을 따라야 합니다.

주님은 우리에게도 십자가에 참여하는 사람이 되라고 말씀하십니다.

05 부활하신 주님

성경본문 요한복음 20:15-21, 14:1-3 ; 에베소서 1:19-22 ; 로마서 4:25
중심구절 로마서 4:25

부활의 상징

다음 그림은 부활주일에 관련된 상징 혹은 내용입니다. 아래 상징들이 무엇을 의미하는 것일까요? 느낀 대로 적어봅시다.

백합

토끼

계란

빈 무덤

이 상징들은 예수님의 부활을 잘 표현하고 있다고 생각합니까?
그렇게 생각한 이유는 무엇입니까?

요한복음 20:15-21 다시 사심

15 예수께서 이르시되 여자여 어찌하여
울며 누구를 찾느냐 하시니 마리아는
그가 동산지기인 줄 알고 이르되 주
여 당신이 옮겼거든 어디 두었는지
내게 이르소서 그리하면 내가 가져가
리이다
16 예수께서 마리아야 하시거늘 마리아
가 돌이켜 히브리 말로 랍오니 하니
(이는 선생님이라는 말이라)
17 예수께서 이르시되 나를 붙들지 말라
내가 아직 아버지께로 올라가지 아니
하였노라 너는 내 형제들에게 가서
이르되 내가 내 아버지 곧 너희 아버
지, 내 하나님 곧 너희 하나님께로 올
라간다 하라 하시니
18 막달라 마리아가 가서 제자들에게 내
가 주를 보았다 하고 또 주께서 자기
에게 이렇게 말씀하셨다 이르니라
19 이 날 곧 안식 후 첫날 저녁 때에 제
자들이 유대인들을 두려워하여 모인
곳의 문들을 닫았더니 예수께서 오사
가운데 서서 이르시되 너희에게 평강
이 있을지어다
20 이 말씀을 하시고 손과 옆구리를 보이
시니 제자들이 주를 보고 기뻐하더라
21 예수께서 또 이르시되 너희에게 평강
이 있을지어다 아버지께서 나를 보내
신 것같이 나도 너희를 보내노라

에베소서 1:19-22 진정 하나님의 아들

19 그의 힘의 위력으로 역사하심을 따라
믿는 우리에게 베푸신 능력의 지극히
크심이 어떠한 것을 너희로 알게 하
시기를 구하노라
20 그의 능력이 그리스도 안에서 역사하
사 죽은 자들 가운데서 다시 살리시
고 하늘에서 자기의 오른편에 앉히사
21 모든 통치와 권세와 능력과 주권과
이 세상뿐 아니라 오는 세상에 일컫
는 모든 이름 위에 뛰어나게 하시고
22 또 만물을 그의 발 아래에 복종하게
하시고 그를 만물 위에 교회의 머리
로 삼으셨느니라

로마서 4:25 칭의를 완성

예수는 우리가 범죄한 것 때문에 내줌이 되고 또한 우리를 의롭다 하시기 위하여 살아나셨느니라

요한복음 14:1-3 우리의 영생을 확증함

1 너희는 마음에 근심하지 말라 하나님
을 믿으니 또 나를 믿으라
2 내 아버지 집에 거할 곳이 많도다 그
렇지 않으면 너희에게 일렀으리라 내
가 너희를 위하여 거처를 예비하러 가
노니
3 가서 너희를 위하여 거처를 예비하면
내가 다시 와서 너희를 내게로 영접하
여 나 있는 곳에 너희도 있게 하리라

1. 예수님의 부활사건을 순서대로 정리해보세요.

요 20:15

요 20:16-18

요 20:19-21

2. 예수님이 부활하셨다는 것이 우리에게 의미하는 것은 무엇인가요? 다음 보기를 보고 번호를 쓰세요.

요한복음 20:15-21	에베소서 1:19-22
로마서 4:25	요한복음 14:1-3

보기

① 예수님은 틀림없이 하나님의 아들이시다.

② 예수님의 부활은 증거와 증인이 있는 역사적 사실이다.

③ 예수님의 부활로 인해 나도 영생을 얻게 될 것이다.

④ 예수님은 나를 의롭게 하시기 위해서(칭의) 살아나셨다.

부활절에 우리가 정말 찾아야 할 의미

예수께서 가라사대 나는 부활이요 생명이니 나를 믿는 자는 죽어도 살겠고(요 11:25)

06 디베라 바닷가

성경본문　요한복음 18:16-27, 21:3-17
중심구절　요한복음 21:17

회상

다음 물건들을 보고 떠오르는 것을 말해보세요. 이 물건들 중에 혹시 당신을 마음 아프게 하는 것이 있었나요? 만약 이 물건들이 당신에게 어떤 기억을 떠오르게 한다면, 그 이유는 무엇인가요?

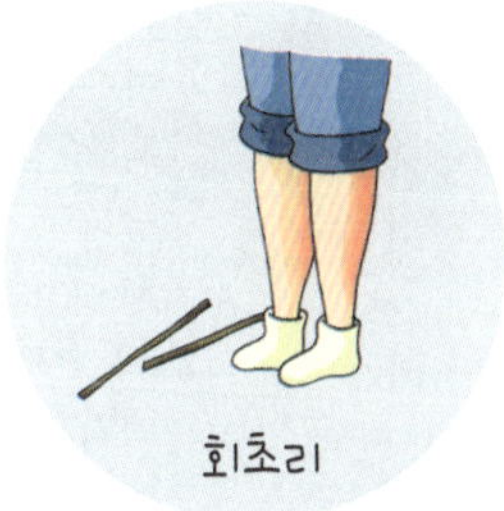

그럼에도 불구하고

요한복음 18:16-27

16 베드로는 문 밖에 서 있는지라 대제사
장을 아는 그 다른 제자가 나가서 문 지
키는 여자에게 말하여 베드로를 데리고
들어오니
17 문 지키는 여종이 베드로에게 말하되
너도 이 사람의 제자 중 하나가 아니냐
하니 그가 말하되 나는 아니라 하고
18 그 때가 추운 고로 종과 아랫사람들이
불을 피우고 서서 쬐니 베드로도 함께
서서 쬐더라
25 시몬 베드로가 서서 불을 쬐더니 사람
들이 묻되 너도 그 제자 중 하나가 아니
냐 베드로가 부인하여 이르되 나는 아
니라 하니
26 대제사장의 종 하나는 베드로에게 귀를
잘린 사람의 친척이라 이르되 네가 그
사람과 함께 동산에 있는 것을 내가 보
지 아니하였느냐
27 이에 베드로가 또 부인하니 곧 닭이 울
더라

요한복음 21:3-17

3 시몬 베드로가 나는 물고기 잡으러 가노
라 하니 그들이 우리도 함께 가겠다 하
고 나가서 배에 올랐으나 그 날 밤에 아
무것도 잡지 못하였더니
4 날이 새어갈 때에 예수께서 바닷가에 서
셨으나 제자들이 예수이신 줄 알지 못하
는지라
5 예수께서 이르시되 얘들아 너희에게 고
기가 있느냐 대답하되 없나이다
6 이르시되 그물을 배 오른편에 던지라 그
리하면 잡으리라 하시니 이에 던졌더니
물고기가 많아 그물을 들 수 없더라
7 예수께서 사랑하시는 그 제자가 베드로
에게 이르되 주님이시라 하니 시몬 베드
로가 벗고 있다가 주님이라 하는 말을
듣고 겉옷을 두른 후에 바다로 뛰어 내
리더라
8 다른 제자들은 육지에서 거리가 불과 한
오십 칸쯤 되므로 작은 배를 타고 물고
기 든 그물을 끌고 와서
9 육지에 올라보니 숯불이 있는데 그 위에
생선이 놓였고 떡도 있더라
10 예수께서 이르시되 지금 잡은 생선을
좀 가져오라 하시니
11 시몬 베드로가 올라가서 그물을 육지에
끌어 올리니 가득히 찬 큰 물고기가 백
쉰세 마리라 이같이 많으나 그물이 찢
어지지 아니하였더라
12 예수께서 이르시되 와서 조반을 먹으라
하시니 제자들이 주님이신 줄 아는 고로
당신이 누구냐 감히 묻는 자가 없더라
15 그들이 조반 먹은 후에 예수께서 시몬
베드로에게 이르시되 요한의 아들 시몬
아 네가 이 사람들보다 나를 더 사랑하
느냐 하시니 이르되 주님 그러하나이다
내가 주님을 사랑하는 줄 주님께서 아
시나이다 이르시되 내 어린 양을 먹이
라 하시고
16 또 두 번째 이르시되 요한의 아들 시몬
아 네가 나를 사랑하느냐 하시니 이르
되 주님 그러하나이다 내가 주님을 사
랑하는 줄 주님께서 아시나이다 이르시
되 내 양을 치라 하시고
17 세 번째 이르시되 요한의 아들 시몬아
네가 나를 사랑하느냐 하시니 주께서
세 번째 네가 나를 사랑하느냐 하시므
로 베드로가 근심하여 이르되 주님 모
든 것을 아시오매 내가 주님을 사랑하
는 줄을 주님께서 아시나이다 예수께서
이르시되 내 양을 먹이라

1. 다음 베드로의 '예수님과 함께했던 이력서'를 본문의 내용을 근거로 채워보세요.

	이 력 서	
	성 명	
년 월 일	경 력 사 항	
AD 30년	예수 그리스도의 제자로 부름 받음	
AD 33년	예수님과 함께 예루살렘에 올라감	
예수님이 잡히시던 날 밤		
예수님이 부활하신 이후		

2. 예수님의 죽음 이후, 고향에 내려간 제자들에게 예수님이 나타나 미리 숯불을 피워 두시고 아침을 준비해주신 모습을 본 제자들은 어떤 마음이 들었을까요?

3. 예수님이 피워놓으신 숯불과 3번이나 "나를 사랑하느냐"라는 예수님의 질문은 베드로에게 어떤 사건을 떠오르게 했을까요?

4. 베드로의 고백을 들은 예수님이 베드로에게 주신 사명과 그 의미는 무엇인가요?

괜찮다

우리는 항상 실수를 하고, 또 넘어집니다. 그럴 때마다, 주님은 우리에게 괜찮다고 하십니다. 여기 말풍선이 있습니다. 당신이 좌절감을 느끼는 상황이 있다면 말풍선에 내용을 채워보세요.

당신이 무엇이라 말하든, 예수님의 대답은 다음과 같습니다.

사랑은 여기 있으니 우리가 하나님을 사랑한 것이 아니요 하나님이 우리를 사랑하사 우리 죄를 속하기 위하여 화목 제물로 그 아들을 보내셨음이라(요일 4:10)

07 감람산에서

성경본문 사도행전 1:8-11 ; 요한복음 14:2-3,12-14 ; 로마서 8:34 ;
히브리서 4:14-16

중심구절 로마서 8:34

기대 피자 채우기

예수님을 믿는 사람으로서 나는 무엇을 기대하고 있을까? 아래 피자에 내가 기대하는 것들이 무엇인지 채워봅시다.

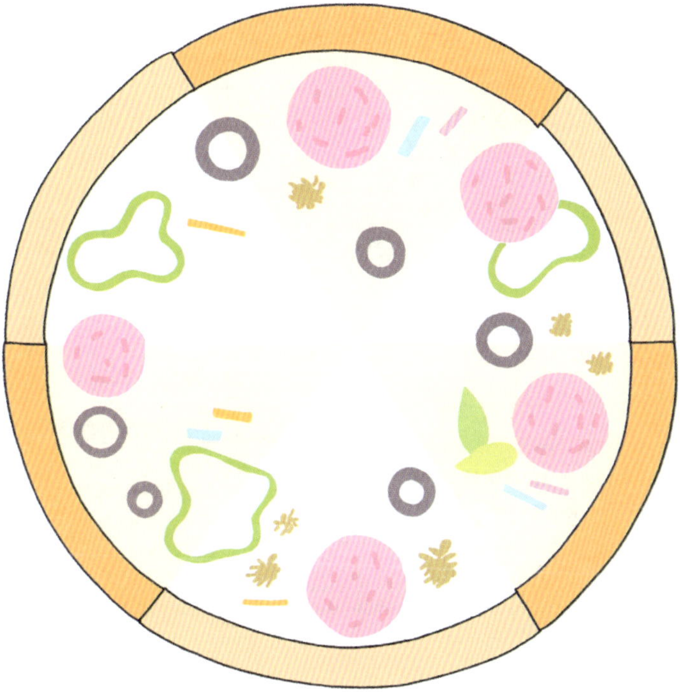

승천, 그리고 그 후

사도행전 1:8-11

8 오직 성령이 너희에게 임하시면 너희가 권능을 받고 예루살렘과 온 유대와 사마리아
와 땅 끝까지 이르러 내 증인이 되리라 하시니라
9 이 말씀을 마치시고 그들이 보는데 올려져 가시니 구름이 그를 가리어 보이지 않게
하더라
10 올라가실 때에 제자들이 자세히 하늘을 쳐다보고 있는데 흰 옷 입은 두 사람이 그들
곁에 서서
11 이르되 갈릴리 사람들아 어찌하여 서서 하늘을 쳐다보느냐 너희 가운데서 하늘로 올
려지신 이 예수는 하늘로 가심을 본 그대로 오시리라 하였느니라

요한복음 14:2-3,12-14

2 내 아버지 집에 거할 곳이 많도다 그렇지 않으면 너희에게 일렀으리라 내가 너희를 위
하여 거처를 예비하러 가노니
3 가서 너희를 위하여 거처를 예비하면 내가 다시 와서 너희를 내게로 영접하여 나 있는
곳에 너희도 있게 하리라
12 내가 진실로 진실로 너희에게 이르노니 나를 믿는 자는 내가 하는 일을 그도 할 것이요
또한 그보다 큰 일도 하리니 이는 내가 아버지께로 감이라
13 너희가 내 이름으로 무엇을 구하든지 내가 행하리니 이는 아버지로 하여금 아들로 말미
암아 영광을 받으시게 하려 함이라
14 내 이름으로 무엇이든지 내게 구하면 내가 행하리라

로마서 8:34

누가 정죄하리요 죽으실 뿐 아니라 다시 살아나신 이는 그리스도 예수시니 그는 하나님 우편에 계신 자요 우리를 위하여 간구하시는 자시니라

히브리서 4:14-16

14 그러므로 우리에게 큰 대제사장이 계시니 승천하신 이 곧 하나님의 아들 예수시라
우리가 믿는 도리를 굳게 잡을지어다
15 우리에게 있는 대제사장은 우리의 연약함을 동정하지 못하실 이가 아니요 모든 일에
우리와 똑같이 시험을 받으신 이로되 죄는 없으시니라
16 그러므로 우리는 긍휼하심을 받고 때를 따라 돕는 은혜를 얻기 위하여 은혜의 보좌
앞에 담대히 나아갈 것이니라

1. 예수님이 승천(십자가 사건으로 돌아가신 것이 아니고 부활하시고 하늘로 올라가 심)하셨음을 우리는 어떻게 알 수 있나요? 체크해보세요.

- [ ] 예수님이 승천하시는 장면을 본 사람이 있다.
- [ ] 승천하신 뒤 천사들이 예수님이 다시 오실 것을 증거해 주었다.
- [ ] 승천하신 주님에 대해 증거하는 내용이 성경에 다양하게 기록되어 있다.
- [ ] 예수님 자신도 스스로 승천하실 것이라 말씀하셨다.

2. 예수님은 승천하시기 전, 하나님께 돌아가는 이유가 무엇이라고 말씀하셨나요?

3. 예수님이 하나님 우편에 앉으셔서 우리를 위해 하시는 일은 무엇인가요?

요한복음 14:13	예수님의 이름으로 구한 것을
로마서 8:34	우리를 위해 하심
히브리서 4:16	때를 따라 은혜를 주심

4. 주님은 승천하신 뒤 천사들은 제자들에게 무엇이라고 말했나요?(행 1:11)

다음 사도신경을 읽고 예수님의 부활과 승천, 다시 오심에 대한 구절에 밑줄 쳐 보세요.

사도신경

나는 전능하신 아버지 하나님, 천지의 창조주를 믿습니다.
나는 그의 유일하신 아들, 우리 주 예수 그리스도를 믿습니다.
그는 성령으로 잉태되어 동정녀 마리아에게서 나시고
본디오 빌라도에게 고난을 받아 십자가에 못 박혀 죽으시고
장사된 지 사흘만에 죽은 자 가운데서 다시 살아나셨으며
하늘에 오르시어 전능하신 아버지 하나님 우편에 앉아 계시다가
거기로부터 살아 있는 자와 죽은 자를 심판하러 오십니다.
나는 성령을 믿으며 거룩한 공교회와 성도의 교제와
죄를 용서받는 것과 몸의 부활과 영생을 믿습니다. 아멘.

만약, 당신이 사도신경을 매주 외우고 있는 그리스도인이라면, 당신의 신앙에도 승천하신 주님, 다시 오실 주님에 대한 믿음이 있어야 합니다.

08 마가의 다락방

성경본문 요한복음 14:16-18, 16:13-15 ; 사도행전 1:8, 2:1-4, 9:31
중심구절 요한복음 14:16

보물 지도를 찾는다면?

어느 날 당신은 할아버지의 유품을 정리하다가 엄청난 재산이 숨겨진 비밀장소가 표시되어 있는 지도를 찾아냈습니다. 당신은 어떻게 하시겠습니까?

나의 계획 :

예수님도 바로 그 보물 지도에 대해 말씀하셨습니다. 제자들은 어떻게 했을까요?

예고편, 그리고 일어난 일

요한복음 14:16-18 성령 예고

16 내가 아버지께 구하겠으니 그가 또 다른 보혜사를 너희에게 주사 영원토록 너
희와 함께 있게 하리니
17 그는 진리의 영이라 세상은 능히 그를 받지 못하나니 이는 그를 보지도 못하고
알지도 못함이라 그러나 너희는 그를 아나니 그는 너희와 함께 거하심이요 또
너희 속에 계시겠음이라
18 내가 너희를 고아와 같이 버려두지 아니하고 너희에게로 오리라

요한복음 16:13-15

13 그러나 진리의 성령이 오시면 그가 너희를 모든 진리 가운데로 인도하시리니 그
가 스스로 말하지 않고 오직 들은 것을 말하며 장래 일을 너희에게 알리시리라
14 그가 내 영광을 나타내리니 내 것을 가지고 너희에게 알리시겠음이라
15 무릇 아버지께 있는 것은 다 내 것이라 그러므로 내가 말하기를 그가 내 것을
가지고 너희에게 알리시리라 하였노라

1. 예수님은 성령님의 특징을 어떻게 설명해 주셨나요?

요한복음 14:16

요한복음 14:17

요한복음 14:18

사도행전 1:8 오직 성령이 너희에게 임하시면 너희가 권능을 받고 예루살렘과 온 유대와 사마리아와 땅 끝까지 이르러 내 증인이 되리라 하시니라

사도행전 2:1-4 성령 강림

1 오순절 날이 이미 이르매 그들이 다같이 한 곳에 모였더니
2 홀연히 하늘로부터 급하고 강한 바람 같은 소리가 있어 그들이 앉은 온 집에 가득하며
3 마치 불의 혀처럼 갈라지는 것들이 그들에게 보여 각 사람 위에 하나씩 임하여 있더니
4 그들이 다 성령의 충만함을 받고 성령이 말하게 하심을 따라 다른 언어들로 말하기를 시작하니라

사도행전 9:31 그리하여 온 유대와 갈릴리와 사마리아 교회가 평안하여 든든히 서 가고 주를 경외함과 성령의 위로로 진행하여 수가 더 많아지니라

2. 예수님은 성령님이 오시면 어떤 일들을 하실 것이라 말씀하셨나요?

① (요 16:13)

② (요 16:13)

③ (요 16:14)

④ (행 1:8)

3. 제자들을 통해 초대교회가 세워지고, 부흥이 일어난 것은 어떤 사건 때문이었나요?

오답 노트 작성하기

다음 문제를 풀어보고, 정답을 확인해보십시오. 만약 3문제의 정답을 맞추지 못했다면, 내가 틀린 내용을 오답 노트에 적고 정답과 이유를 써봅시다.

틀린 문제 다시 보기~!

문 제	오답노트
1. 성령은 어떤 존재인가? ① 하나님 ② 예수님보다는 못한 분 ③ 에너지 ④ 이상한 현상을 일으키는 분 ⑤ 예수님이 승천하신 이후에 성경에 등장함	
2. 성령받은 사람이 할 일은? ① 나만 예수님 잘 믿으면 된다. ② 여러 은사를 받아 자랑한다. ③ 능력을 행한다. ④ 예수님을 증거하는 삶을 살아간다. ⑤ 특별한 기운이 마음에 넘친다.	
3. 성령은 반드시 받아야 할까? ① 꼭 받을 필요는 없다. ② 예수님을 믿다보면 받게 된다. ③ 특별한 사람만 받는 것이다. ④ 예수님은 성령에 대해 여러번 말씀하시며 꼭 성령을 받으라고 말씀하셨다.	

날마다 말씀먹기

창세기	1	2	3	4	5	6	7	8	9	10	11	12	13	14	15	16	17	18	19	20	21	22	23	24	25
	26	27	28	29	30	31	32	33	34	35	36	37	38	39	40	41	42	43	44	45	46	47	48	49	50
출애굽기	1	2	3	4	5	6	7	8	9	10	11	12	13	14	15	16	17	18	19	20	21	22	23	24	25
	26	27	28	29	30	31	32	33	34	35	36	37	38	39	40										
레위기	1	2	3	4	5	6	7	8	9	10	11	12	13	14	15	16	17	18	19	20	21	22	23	24	25
	26	27																							
민수기	1	2	3	4	5	6	7	8	9	10	11	12	13	14	15	16	17	18	19	20	21	22	23	24	25
	26	27	28	29	30	31	32	33	34	35	36														
신명기	1	2	3	4	5	6	7	8	9	10	11	12	13	14	15	16	17	18	19	20	21	22	23	24	25
	26	27	28	29	30	31	32	33	34																
여호수아	1	2	3	4	5	6	7	8	9	10	11	12	13	14	15	16	17	18	19	20	21	22	23	24	
사사기	1	2	3	4	5	6	7	8	9	10	11	12	13	14	15	16	17	18	19	20	21				
룻기	1	2	3	4																					
사무엘상	1	2	3	4	5	6	7	8	9	10	11	12	13	14	15	16	17	18	19	20	21	22	23	24	25
	26	27	28	29	30	31																			
사무엘하	1	2	3	4	5	6	7	8	9	10	11	12	13	14	15	16	17	18	19	20	21	22	23	24	
열왕기상	1	2	3	4	5	6	7	8	9	10	11	12	13	14	15	16	17	18	19	20	21	22			
열왕기하	1	2	3	4	5	6	7	8	9	10	11	12	13	14	15	16	17	18	19	20	21	22	23	24	25
역대상	1	2	3	4	5	6	7	8	9	10	11	12	13	14	15	16	17	18	19	20	21	22	23	24	25
	26	27	28	29																					
역대하	1	2	3	4	5	6	7	8	9	10	11	12	13	14	15	16	17	18	19	20	21	22	23	24	25
	26	27	28	29	30	31	32	33	34	35	36														
에스라	1	2	3	4	5	6	7	8	9	10															
느헤미야	1	2	3	4	5	6	7	8	9	10	11	12	13												
에스더	1	2	3	4	5	6	7	8	9	10															
욥기	1	2	3	4	5	6	7	8	9	10	11	12	13	14	15	16	17	18	19	20	21	22	23	24	25
	26	27	28	29	30	31	32	33	34	35	36	37	38	39	40	41	42								
시편	1	2	3	4	5	6	7	8	9	10	11	12	13	14	15	16	17	18	19	20	21	22	23	24	25
	26	27	28	29	30	31	32	33	34	35	36	37	38	39	40	41	42	43	44	45	46	47	48	49	50
	51	52	53	54	55	56	57	58	59	60	61	62	63	64	65	66	67	68	69	70	71	72	73	74	75
	76	77	78	79	80	81	82	83	84	85	86	87	88	89	90	91	92	93	94	95	96	97	98	99	100
	101	102	103	104	105	106	107	108	109	110	111	112	113	114	115	116	117	118	119	120	121	122	123	124	125
	126	127	128	129	130	131	132	133	134	135	136	137	138	139	140	141	142	143	144	145	146	147	148	149	150
잠언	1	2	3	4	5	6	7	8	9	10	11	12	13	14	15	16	17	18	19	20	21	22	23	24	25
	26	27	28	29	30	31																			
전도서	1	2	3	4	5	6	7	8	9	10	11	12													
아가	1	2	3	4	5	6	7	8																	
이사야	1	2	3	4	5	6	7	8	9	10	11	12	13	14	15	16	17	18	19	20	21	22	23	24	25
	26	27	28	29	30	31	32	33	34	35	36	37	38	39	40	41	42	43	44	45	46	47	48	49	50
	51	52	53	54	55	56	57	58	59	60	61	62	63	64	65	66									
예레미야	1	2	3	4	5	6	7	8	9	10	11	12	13	14	15	16	17	18	19	20	21	22	23	24	25
	26	27	28	29	30	31	32	33	34	35	36	37	38	39	40	41	42	43	44	45	46	47	48	49	50
	51	52																							
예레미야애가	1	2	3	4	5																				
에스겔	1	2	3	4	5	6	7	8	9	10	11	12	13	14	15	16	17	18	19	20	21	22	23	24	25
	26	27	28	29	30	31	32	33	34	35	36	37	38	39	40	41	42	43	44	45	46	47	48		

다니엘	1	2	3	4	5	6	7	8	9	10	11	12													
호세아	1	2	3	4	5	6	7	8	9	10	11	12	13	14											
요엘	1	2	3																						
아모스	1	2	3	4	5	6	7	8	9																
오바댜	1																								
요나	1	2	3	4																					
미가	1	2	3	4	5	6	7																		
나훔	1	2	3																						
하박국	1	2	3																						
스바냐	1	2	3																						
학개	1	2																							
스가랴	1	2	3	4	5	6	7	8	9	10	11	12	13	14											
말라기	1	2	3	4																					

마태복음	1	2	3	4	5	6	7	8	9	10	11	12	13	14	15	16	17	18	19	20	21	22	23	24	25
	26	27	28																						
마가복음	1	2	3	4	5	6	7	8	9	10	11	12	13	14	15	16									
누가복음	1	2	3	4	5	6	7	8	9	10	11	12	13	14	15	16	17	18	19	20	21	22	23	24	
요한복음	1	2	3	4	5	6	7	8	9	10	11	12	13	14	15	16	17	18	19	20	21				
사도행전	1	2	3	4	5	6	7	8	9	10	11	12	13	14	15	16	17	18	19	20	21	22	23	24	25
	26	27	28																						
로마서	1	2	3	4	5	6	7	8	9	10	11	12	13	14	15	16									
고린도전서	1	2	3	4	5	6	7	8	9	10	11	12	13	14	15	16									
고린도후서	1	2	3	4	5	6	7	8	9	10	11	12	13												
갈라디아서	1	2	3	4	5	6																			
에베소서	1	2	3	4	5	6																			
빌립보서	1	2	3	4																					
골로새서	1	2	3	4																					
데살로니가전서	1	2	3	4	5																				
데살로니가후서	1	2	3																						
디모데전서	1	2	3	4	5	6																			
디모데후서	1	2	3	4																					
디도서	1	2	3																						
빌레몬서	1																								
히브리서	1	2	3	4	5	6	7	8	9	10	11	12	13												
야고보서	1	2	3	4	5																				
베드로전서	1	2	3	4	5																				
베드로후서	1	2	3																						
요한일서	1	2	3	4	5																				
요한이서	1																								
요한삼서	1																								
유다서	1																								
요한계시록	1	2	3	4	5	6	7	8	9	10	11	12	13	14	15	16	17	18	19	20	21	22			

토틴만의 특별한 커리큘럼

◆ 전체 구성

	제목	내용
	새 친구를 위한 복음의 핵심	교회에 처음 나온 새 친구들을 위한 교재로 신앙의 기초를 든든히 다지는 내용입니다.
	신구약을 꿰뚫는 한눈에 보는 성경	신구약 파노라마로 구약은 시대와 등장인물을, 신약은 예수님과 초대교회를 중심으로 한 내용입니다.
1권 (1–4월)	하나님 안에서의 나의 신분	하나님 안에서 나를 발견하고 새롭게 변화되기, 그리고 사순절과 부활절에 대해 배웁니다.
2권 (5–8월)	거듭남, 그 이후	성경의 인물들과 예수님의 비유를 통해 거듭난 자로서 어떻게 살아가야 하는지에 대해 배웁니다.
3권 (9–12월)	비유로 배우는 하나님 나라	비유를 통해 하나님 나라를 배우고 소망하는 삶, 청소년들의 고민과 올바른 세계관 확립, 성탄절의 참 의미를 회복하는 내용으로 구성됩니다.
4권 (1–4월)	나는 예배자	예배가 무엇이며 예배자로 부름받은 나에 대해 배우고, 요한복음을 중심으로 한 사순절과 부활 절기를 다룹니다.
5권 (5–8월)	그리스도인의 관계형성	가정과 친구관계에서 그리스도인으로서의 정체성을 가지며, 성경 속 믿음의 인물들에 대해 배우고 나의 삶에 적용해봅니다.
6권 (9–12월)	어려운 질문	그리스도인으로 갖게 되는 어려운 질문들을 함께 생각해보고, 후반부에는 대림절과 크리스마스를 위한 내용을 배웁니다.
7권 (1–4월)	하나님과 친밀함 누리기	일상생활에서 하나님과 친밀함을 누리는 영적 훈련에 대해 배우며, 약속을 성취하시는 예수님을 중심으로 사순절과 부활절의 의미를 배웁니다.
8권 (5–8월)	여호와의 리더십학교	온전한 크리스천 리더십으로 성장하기 위해 우리 마음을 아름답게 가꾸는 내용과 성경 속 다양한 리더십에 대해 배웁니다.
9권 (9–12월)	성숙한 교회 공동체	성경 속 다양한 교회 공동체에 대해 배우며 '빛'을 주제로 한 대림절과 성탄절, 그리고 영혼을 사랑하는 복음 전도에 대해 배웁니다.

◆ 기초튼튼 과정

새 친구를 위한 복음의 핵심

· 창조, 하나님이 하신 일
· 죄, 하나님을 슬프게 하는 일
· 예수님, 우리를 위한 선물
· 거듭남, 변화된 삶을 향해
· 성령, 도우시는 하나님
· 성경, 살아있는 생명의 말씀
· 교회, 예수님의 몸
· 예배, 하나님을 기쁘시게

신구약을 꿰뚫는 한눈에 보는 성경

구약이야기

· 창조와 타락 최초의 사람들
· 족장시대 약속을 받은 사람들
· 모세와 출애굽 약속의 땅을 향해
· 가나안 정복 젖과 꿀이 흐르는 땅
· 사사시대 시련과 실수
· 통일왕국시대 세 왕 이야기
· 분열왕국시대 하나님을 떠난 이스라엘
· 바벨론 유수와 포로 귀환 다시 세우는 이스라엘

신약이야기

· 예수님의 세 가지 사역
· 십자가와 부활, 승천
· 초대교회의 탄생
· 박해받는 초대교회
· 교회의 부흥과 베드로의 사역
· 안디옥 교회와 최초의 선교사
· 바울의 전도여행
· 로마로 향하는 바울

◆ 1권-3권

1권 하나님 안에서의 나의 신분

하나님 안에서의 나의 신분

· 나를 지으신 주님
· 사랑받는 나
· 나는 부족하더라도
· 하나님 아버지의 마음
· 나는 주님의 기쁨
· 축복의 통로
· 나는 주님의 성전
· 주의 전신갑주를 입고

사순절과 기쁨의 50일 I

· 아들을 보내신 하나님
· 사람으로 오신 예수님
· 죄인의 친구
· 선한 목자
· 십자가를 지심
· 살아나신 그리스도
· 마라나타
· 성령의 열매

2권 거듭남 그 이후

거듭남의 비밀

· 집중분석, 죄
· 진정한 회개
· 위대한 용서
· 하나님의 무한사랑
· 거듭남1. 제2의 인생
· 거듭남2. 거듭남의 축복
· 거듭남3. 성장의 비밀
· 거듭남4. 구원의 확신

그리스도인의 삶

· 예수님을 만난 후
· 주님만 높이는 삶
· 진정한 기쁨이란
· 서로 사랑하기
· 남을 향한 손가락
· 가장 어려운 일, 용서
· 선한 영향력을 미치는 삶
· 하늘에 속한 그리스도인

3권 비유로 배우는 하나님 나라

비유로 배우는 하나님 나라

· 소금과 빛
· 반석 위에 지은 집
· 선한 사마리아인
· 결실을 맺는 땅
· 포도원 품꾼
· 열 처녀 이야기
· 달란트 비유
· 양과 염소의 비유

청소년의 삶과 고민

· 스타에 열광하는 당신
· 따돌림도 죄가 되나요?
· 누가 좀 말려줘요!
· 그리스도인의 이성교제

대림절과 크리스마스 I

· 약속 그대로
· 성탄목의 의미
· 찬송을 넘어 기쁨으로
· 성탄예배 선물

◆ 4권-6권

4권 나는 예배자

나는 예배자
- 나는 예배자
- 춤추는 예배자 다윗
- 멈출 수 없는 예배
- 예배의 네 기둥
- 찬양과 예배
- 함께 드리는 기도
- 드림의 비밀
- 안식일의 주인

사순절과 기쁨의 50일 II
- 향유를 부은 마리아
- 예루살렘으로 가는 길
- 마지막 설교, 한 알의 밀
- 고난과 영광의 길
- 부활하신 주님
- 디베랴 바닷가
- 감람산에서
- 마가의 다락방

5권 그리스도인의 관계형성

그리스도인의 관계형성
- 부모님 공경하기
- 싸우는 가정
- 깨어진 가정
- 믿지 않는 가정
- 다윗의 친구 요나단
- 중풍병자의 네 친구
- 우정의 황금률1. 선한 충고
- 우정의 황금률2. 섬김

믿음의 영웅들
- 믿음의 영웅들
- 순종하는 믿음, 노아
- 내려놓음의 축복, 아브라함
- 시련을 이기는 믿음, 요셉
- 인생을 바꾼 믿음, 라합
- 기적을 부르는 믿음, 바디매오
- 믿기 어려울 때
- 칭찬받는 믿음

6권 어려운 질문

기도베이직
- 기도 베이직
- 기도의 모범답안, 주기도문
- 어려울 때 드리는 기도
- 응답받는 믿음의 기도

어려운 질문
- 응답받지 못하는 기도의 이유는?
- 사탄은 정말로 있을까?
- 지옥은 정말로 있을까?
- 이단이 도대체 뭐야?
- 중독, 어두운 그림자
- 내가 고통당할 때 하나님은 어디 계시는가?
- 내가 믿음 때문에 손가락질 당할 때 하나님은 어디 계시는가?
- 내가 죽고 싶을 때 하나님은 어디 계시는가?

크리스마스 대림절과 II
- 가브리엘의 방문
- 성령으로 기뻐한 사람들
- 베들레헴에 오신 왕
- 성탄예배 찬송하는 목자들

◆ 7권-9권

7권 하나님과 친밀함 누리기

하나님과 친밀함 누리기
- 하나님의 우선순위
- 하나님은 나의 주?
- 인생 나침판
- 친밀함으로 한걸음 말씀읽기
- 친밀함으로 한걸음 말씀처럼
- 친밀함으로 한걸음 거룩하게
- 성령님과 함께 걸어요
- 주님 다시 오실때까지

사순절과 기쁨의 50일 III
- 약속
- 약속으로의 초대
- 거절당한 예수님
- 마지막 수업
- 흔들 수 없는 결심
- 가상칠언
- 부활의 증인되기
- 성령받은 후에

8권 여호와의 리더십 학교

내면의 삶 가꾸기
- 걱정거리
- 열등감
- 탐욕
- 분노
- 강요
- 위선
- 영적 실패
- 경시

여호와의 리더십 학교
- 희생과 섬김
- 사람 끌어안기
- 하나님께 묻는 리더
- 모세의 링커십
- 여호수아의 팔로어십
- 반면교사 솔로몬
- 느헤미야 프로젝트
- 리더 임명식

9권 성숙한 교회 공동체

성숙한 교회 공동체
- 그리스도의 몸 된 교회
- 하나의 교회
- 한몸된 지체를 사랑하는 교회
- 예배공동체
- 품어주고 회복시키는 교회
- 쓰다남은 부스러기
- 선교하는 공동체
- 뜨겁든지 차갑든지

전도
- 주님의 부르심
- 나의 프로필
- 잃어버린 한 영혼
- 나만의 전도스타일

크리스마스 대림절과 III
- 공의의 빛
- 기이한 빛
- 세상의 빛
- 성탄예배 빛의 축제

토틴시리즈 4. 나는 예배자

1판 1쇄	2012년 4월 5일
1판 6쇄	2017년 1월 5일
2판 5쇄	2025년 3월 5일

지은이	토기장이 교재연구팀
일러스트	김미용
대표	조애신
책임편집	김정민, 조미래
편집	이소연
디자인	지은주, 임은미
마케팅	전필영
경영지원	전두표

발행처	도서출판 토기장이
주소	서울시 마포구 동교로 71-1 2F
출판등록	1998년 5월 29일 제1998-000070호
전화	02-3143-0400
팩스	0505-300-0646
이메일	tletter77@naver.com
인스타그램	togijangi_books_

ISBN 978-89-7782-245-0

도서출판 토기장이는 생명 있는 책만 만듭니다.
"우리는 진흙이요 주는 토기장이시니 우리는 다 주의 손으로 지으신 것이니이다" (이사야 64:8)